TIMESHEET LOG BOOK

TO RECORD TIME

Name: _____

Phone: _____

Name: _____ **Week/Month/Year:** _____

Date	Description	Project	Time In	Time Out	Total Hours	Comments
	Subtotal					

Name: _____ **Week/Month/Year:** _____

Date	Description	Project	Time In	Time Out	Total Hours	Comments
	Subtotal					

Name: _____ **Week/Month/Year:** _____

Date	Description	Project	Time In	Time Out	Total Hours	Comments
	Subtotal					

Name: _____ **Week/Month/Year:** _____

Date	Description	Project	Time In	Time Out	Total Hours	Comments
Subtotal						

Name: _____ **Week/Month/Year:** _____

Date	Description	Project	Time In	Time Out	Total Hours	Comments
	Subtotal					

Name: _____ **Week/Month/Year:** _____

Date	Description	Project	Time In	Time Out	Total Hours	Comments
Subtotal						

Name: _____ **Week/Month/Year:** _____

Date	Description	Project	Time In	Time Out	Total Hours	Comments
	Subtotal					

Name: _____   **Week/Month/Year:** _____

Date	Description	Project	Time In	Time Out	Total Hours	Comments
	Subtotal					

Name: _____ **Week/Month/Year:** _____

Date	Description	Project	Time In	Time Out	Total Hours	Comments
		Subtotal				

Name: _____ **Week/Month/Year:** _____

Date	Description	Project	Time In	Time Out	Total Hours	Comments
Subtotal						

Name: _____ **Week/Month/Year:** _____

Date	Description	Project	Time In	Time Out	Total Hours	Comments
		Subtotal				

Name: _____   **Week/Month/Year:** _____

Date	Description	Project	Time In	Time Out	Total Hours	Comments
	Subtotal					

Name: _____ **Week/Month/Year:** _____

Date	Description	Project	Time In	Time Out	Total Hours	Comments
		Subtotal				

Name: _____ **Week/Month/Year:** _____

Date	Description	Project	Time In	Time Out	Total Hours	Comments
		Subtotal				

Name: _____ **Week/Month/Year:** _____

Date	Description	Project	Time In	Time Out	Total Hours	Comments
Subtotal						

Name: _____ **Week/Month/Year:** _____

Date	Description	Project	Time In	Time Out	Total Hours	Comments
Subtotal						

Name: _____   **Week/Month/Year:** _____

Date	Description	Project	Time In	Time Out	Total Hours	Comments
Subtotal						

Date	Description	Project	Time In	Time Out	Total Hours	Comments
Subtotal						

Name: _____ Week/Month/Year: _____

Name: _____   **Week/Month/Year:** _____

Date	Description	Project	Time In	Time Out	Total Hours	Comments
Subtotal						

Name: _____ **Week/Month/Year:** _____

Date	Description	Project	Time In	Time Out	Total Hours	Comments
Subtotal						

Name: _____ **Week/Month/Year:** _____

Date	Description	Project	Time In	Time Out	Total Hours	Comments
	Subtotal					

Name: _____   **Week/Month/Year:** _____

Date	Description	Project	Time In	Time Out	Total Hours	Comments
Subtotal						

Name: _____   **Week/Month/Year:** _____

Date	Description	Project	Time In	Time Out	Total Hours	Comments
	Subtotal					

Name: _____ **Week/Month/Year:** _____

Date	Description	Project	Time In	Time Out	Total Hours	Comments
Subtotal						

Name: _____   **Week/Month/Year:** _____

Date	Description	Project	Time In	Time Out	Total Hours	Comments
Subtotal						

Name: _____ **Week/Month/Year:** _____

Date	Description	Project	Time In	Time Out	Total Hours	Comments
	Subtotal					

Name: _____ **Week/Month/Year:** _____

Date	Description	Project	Time In	Time Out	Total Hours	Comments
	Subtotal					

Name: _____ **Week/Month/Year:** _____

Date	Description	Project	Time In	Time Out	Total Hours	Comments
	Subtotal					

Name: _____   **Week/Month/Year:** _____

Date	Description	Project	Time In	Time Out	Total Hours	Comments
Subtotal						

Name: _____   **Week/Month/Year:** _____

Date	Description	Project	Time In	Time Out	Total Hours	Comments
Subtotal						

Name: _____ **Week/Month/Year:** _____

Date	Description	Project	Time In	Time Out	Total Hours	Comments
Subtotal						

Name: _____ **Week/Month/Year:** _____

Date	Description	Project	Time In	Time Out	Total Hours	Comments
Subtotal						

Name: _____ **Week/Month/Year:** _____

Date	Description	Project	Time In	Time Out	Total Hours	Comments
	Subtotal					

Name: _____ **Week/Month/Year:** _____

Date	Description	Project	Time In	Time Out	Total Hours	Comments
	Subtotal					

Name: _____ **Week/Month/Year:** _____

Date	Description	Project	Time In	Time Out	Total Hours	Comments
Subtotal						

Name: _____ **Week/Month/Year:** _____

Date	Description	Project	Time In	Time Out	Total Hours	Comments
Subtotal						

Name: _____ **Week/Month/Year:** _____

Date	Description	Project	Time In	Time Out	Total Hours	Comments
	Subtotal					

Name: _____ **Week/Month/Year:** _____

Date	Description	Project	Time In	Time Out	Total Hours	Comments
Subtotal						

Name: _____ **Week/Month/Year:** _____

Date	Description	Project	Time In	Time Out	Total Hours	Comments
	Subtotal					

Name: _____ **Week/Month/Year:** _____

Date	Description	Project	Time In	Time Out	Total Hours	Comments
	Subtotal					

Name: _____   **Week/Month/Year:** _____

Date	Description	Project	Time In	Time Out	Total Hours	Comments
		Subtotal				

Name: _____ **Week/Month/Year:** _____

Date	Description	Project	Time In	Time Out	Total Hours	Comments
	Subtotal					

Name: _____   **Week/Month/Year:** _____

Date	Description	Project	Time In	Time Out	Total Hours	Comments
Subtotal						

Name: _____   **Week/Month/Year:** _____

Date	Description	Project	Time In	Time Out	Total Hours	Comments
Subtotal						

Name: _____ **Week/Month/Year:** _____

Date	Description	Project	Time In	Time Out	Total Hours	Comments
	Subtotal					

Name: _____ **Week/Month/Year:** _____

Date	Description	Project	Time In	Time Out	Total Hours	Comments
Subtotal						

Name: _____ **Week/Month/Year:** _____

Date	Description	Project	Time In	Time Out	Total Hours	Comments
Subtotal						

Name: _____ **Week/Month/Year:** _____

Date	Description	Project	Time In	Time Out	Total Hours	Comments
Subtotal						

Name: _____ **Week/Month/Year:** _____

Date	Description	Project	Time In	Time Out	Total Hours	Comments
Subtotal						

Name: _____ **Week/Month/Year:** _____

Date	Description	Project	Time In	Time Out	Total Hours	Comments
Subtotal						

Name: _____ **Week/Month/Year:** _____

Date	Description	Project	Time In	Time Out	Total Hours	Comments
Subtotal						

Name: _____ **Week/Month/Year:** _____

Date	Description	Project	Time In	Time Out	Total Hours	Comments
Subtotal						

Name: _____ **Week/Month/Year:** _____

Date	Description	Project	Time In	Time Out	Total Hours	Comments
		Subtotal				

Name: _____ **Week/Month/Year:** _____

Date	Description	Project	Time In	Time Out	Total Hours	Comments
Subtotal						

Name: _____ **Week/Month/Year:** _____

Date	Description	Project	Time In	Time Out	Total Hours	Comments
	Subtotal					

Name: _____ **Week/Month/Year:** _____

Date	Description	Project	Time In	Time Out	Total Hours	Comments
Subtotal						

Name: _____ **Week/Month/Year:** _____

Date	Description	Project	Time In	Time Out	Total Hours	Comments
	Subtotal					

Name: _____ **Week/Month/Year:** _____

Date	Description	Project	Time In	Time Out	Total Hours	Comments
Subtotal						

Name: _____ **Week/Month/Year:** _____

Date	Description	Project	Time In	Time Out	Total Hours	Comments
		Subtotal				

Name: _____ **Week/Month/Year:** _____

Date	Description	Project	Time In	Time Out	Total Hours	Comments
Subtotal						

Name: _____ **Week/Month/Year:** _____

Date	Description	Project	Time In	Time Out	Total Hours	Comments
Subtotal						

Name: _____ **Week/Month/Year:** _____

Date	Description	Project	Time In	Time Out	Total Hours	Comments
	Subtotal					

Name: _____   **Week/Month/Year:** _____

Date	Description	Project	Time In	Time Out	Total Hours	Comments
	Subtotal					

Name: _____ **Week/Month/Year:** _____

Date	Description	Project	Time In	Time Out	Total Hours	Comments
Subtotal						

Name: _____   **Week/Month/Year:** _____

Date	Description	Project	Time In	Time Out	Total Hours	Comments
Subtotal						

Name: _____ **Week/Month/Year:** _____

Date	Description	Project	Time In	Time Out	Total Hours	Comments
Subtotal						

Name: _____ **Week/Month/Year:** _____

Date	Description	Project	Time In	Time Out	Total Hours	Comments
		Subtotal				

Name: _____ **Week/Month/Year:** _____

Date	Description	Project	Time In	Time Out	Total Hours	Comments
Subtotal						

Name: _____ **Week/Month/Year:** _____

Date	Description	Project	Time In	Time Out	Total Hours	Comments
	Subtotal					

Name: _____ Week/Month/Year: _____

Date	Description	Project	Time In	Time Out	Total Hours	Comments
Subtotal						

Name: _____ **Week/Month/Year:** _____

Date	Description	Project	Time In	Time Out	Total Hours	Comments
	Subtotal					

Name: _____ **Week/Month/Year:** _____

Date	Description	Project	Time In	Time Out	Total Hours	Comments
	Subtotal					

Name: _____ **Week/Month/Year:** _____

Date	Description	Project	Time In	Time Out	Total Hours	Comments
	Subtotal					

Name: _____ **Week/Month/Year:** _____

Date	Description	Project	Time In	Time Out	Total Hours	Comments
Subtotal						

Name: _____ **Week/Month/Year:** _____

Date	Description	Project	Time In	Time Out	Total Hours	Comments
		Subtotal				

Name: _____ **Week/Month/Year:** _____

Date	Description	Project	Time In	Time Out	Total Hours	Comments
	Subtotal					

Name: _____ **Week/Month/Year:** _____

Date	Description	Project	Time In	Time Out	Total Hours	Comments
		Subtotal				

Name: _____   **Week/Month/Year:** _____

Date	Description	Project	Time In	Time Out	Total Hours	Comments
	Subtotal					

Name: _____ **Week/Month/Year:** _____

Date	Description	Project	Time In	Time Out	Total Hours	Comments
		Subtotal				

Name: _____ **Week/Month/Year:** _____

Date	Description	Project	Time In	Time Out	Total Hours	Comments
Subtotal						

Name: _____ **Week/Month/Year:** _____

Date	Description	Project	Time In	Time Out	Total Hours	Comments
		Subtotal				

Name: _____ **Week/Month/Year:** _____

Date	Description	Project	Time In	Time Out	Total Hours	Comments
Subtotal						

Name: _____ **Week/Month/Year:** _____

Date	Description	Project	Time In	Time Out	Total Hours	Comments
		Subtotal				

Name: _____ **Week/Month/Year:** _____

Date	Description	Project	Time In	Time Out	Total Hours	Comments
Subtotal						

Name: _____ **Week/Month/Year:** _____

Date	Description	Project	Time In	Time Out	Total Hours	Comments
	Subtotal					

Name: _____ **Week/Month/Year:** _____

Date	Description	Project	Time In	Time Out	Total Hours	Comments
Subtotal						

Name: _____ **Week/Month/Year:** _____

Date	Description	Project	Time In	Time Out	Total Hours	Comments
	Subtotal					

Name: _____ **Week/Month/Year:** _____

Date	Description	Project	Time In	Time Out	Total Hours	Comments
	Subtotal					

Name: _____ **Week/Month/Year:** _____

Date	Description	Project	Time In	Time Out	Total Hours	Comments
	Subtotal					

Name: _____   **Week/Month/Year:** _____

Date	Description	Project	Time In	Time Out	Total Hours	Comments
Subtotal						

Name: _____ **Week/Month/Year:** _____

Date	Description	Project	Time In	Time Out	Total Hours	Comments
		Subtotal				

Name: _____ **Week/Month/Year:** _____

Date	Description	Project	Time In	Time Out	Total Hours	Comments
Subtotal						

Name: _____ **Week/Month/Year:** _____

Date	Description	Project	Time In	Time Out	Total Hours	Comments
	Subtotal					

Name: _____ **Week/Month/Year:** _____

Date	Description	Project	Time In	Time Out	Total Hours	Comments
Subtotal						

Name: _____ **Week/Month/Year:** _____

Date	Description	Project	Time In	Time Out	Total Hours	Comments
	Subtotal					

Name: _____ Week/Month/Year: _____

Date	Description	Project	Time In	Time Out	Total Hours	Comments
Subtotal						

Name: _____ **Week/Month/Year:** _____

Date	Description	Project	Time In	Time Out	Total Hours	Comments
		Subtotal				

Name: _____ **Week/Month/Year:** _____

Date	Description	Project	Time In	Time Out	Total Hours	Comments
Subtotal						

Name: _____ **Week/Month/Year:** _____

Date	Description	Project	Time In	Time Out	Total Hours	Comments
	Subtotal					

Name: _____ **Week/Month/Year:** _____

Date	Description	Project	Time In	Time Out	Total Hours	Comments
	Subtotal					

Name: _____ **Week/Month/Year:** _____

Date	Description	Project	Time In	Time Out	Total Hours	Comments
	Subtotal					

Name: _____ **Week/Month/Year:** _____

Date	Description	Project	Time In	Time Out	Total Hours	Comments
	Subtotal					

Name: _____ **Week/Month/Year:** _____

Date	Description	Project	Time In	Time Out	Total Hours	Comments
		Subtotal				

Name: _____ **Week/Month/Year:** _____

Date	Description	Project	Time In	Time Out	Total Hours	Comments
Subtotal						

Name: _____ **Week/Month/Year:** _____

Date	Description	Project	Time In	Time Out	Total Hours	Comments
	Subtotal					

Name: _____ **Week/Month/Year:** _____

Date	Description	Project	Time In	Time Out	Total Hours	Comments
Subtotal						

Name: _____ **Week/Month/Year:** _____

Date	Description	Project	Time In	Time Out	Total Hours	Comments
	Subtotal					

Name: _____ **Week/Month/Year:** _____

Date	Description	Project	Time In	Time Out	Total Hours	Comments
	Subtotal					

Name: _____ **Week/Month/Year:** _____

Date	Description	Project	Time In	Time Out	Total Hours	Comments
	Subtotal					

Name: _____ **Week/Month/Year:** _____

Date	Description	Project	Time In	Time Out	Total Hours	Comments
Subtotal						